MIT EINER
BOSHEIT
BEGINNE ICH
JEDEN TAG

APHORISMEN

FRIEDRICH NIETZSCHE

MIT EINER BOSHEIT BEGINNE ICH JEDEN TAG

ILLUSTRIERT VON JOE VILLION

STEFFEN VERLAG

Einige zeigen Geist, andere beweisen ihn,
noch andere zeigen ihn, aber beweisen ihn nicht,
die Vielen aber tun keines von beiden,
und glauben beides zu tun.

Jeder, der seinen Geist zeigen will, lässt merken,
dass er auch reichlich vom Gegenteil hat.

Das Pathos der Attitüde gehört *nicht* zur Größe;
wer Attitüden überhaupt nötig hat, ist *falsch*.

Das Zeitalter der größten Ereignisse wird trotz alledem
das Zeitalter der kleinsten Wirkungen sein,
wenn die Menschen von Gummi und allzu elastisch sind.

Die Menschen durchleben jetzt alle zu viel
und durchdenken zu wenig.

Nicht um die Erfinder von neuem Lärme:
um die Erfinder von neuen Werten dreht sich die Welt.

Die Bildung wird täglich geringer,
weil die Hast größer wird.

Alles gackert, aber wer will noch still
auf dem Neste sitzen und Eier brüten?

Den Dichterlingen und Faultieren sei's gesagt:
wer nichts zu schaffen hat, dem macht ein Nichts
zu schaffen.

Was soll *überhaupt* die Wissenschaft,
wenn sie nicht für die Kultur Zeit hat.

Ich würde einem Amte nie erlauben,
mir mehr als ein Viertel meiner Kraft zu rauben.

Gute Gedanken, die zu rasch aufeinander folgen,
verderben sich einander »die Aussicht«.

Wer seine Gedanken nicht auf Eis zu legen versteht,
der soll sich nicht in die Hitze des Streites begeben.

Die meisten Denker schreiben schlecht,
weil sie uns nicht nur ihre Gedanken,
sondern auch das Denken der Gedanken mitteilen.

Wenn dein Werk den Mund auftut,
sollst du selber das Maul halten.

Ich will schlechterdings nichts mit Zeitschriften
zu tun haben: sie sind immer Parteischriften,
und am meisten dann, wenn sie es selbst
nicht zu sein glauben.

Noch ein Jahrhundert Zeitungen –
und alle Worte stinken.

Unsere *Erleichterungen* sind es,
die wir am härtesten büßen müssen.

Was liegt an einer Zeit, die »keine Zeit hat«!

So weit Deutschland reicht, *verdirbt* es die Kultur.

Schriftstellerei als Lebensberuf zu betrachten,
sollte billigerweise als eine Art Tollheit gelten.

Wer kein Vergnügen daran hat,
Tölpel tanzen zu sehen,
soll keine deutschen Bücher lesen.

Goethe ist in der Geschichte der Deutschen
ein Zwischenfall ohne Folgen.

Die deutsche Unlust am Leben ist wesentlich
Wintersiechtum, eingerechnet die Wirkungen
der Kellerluft und des Ofengiftes
in deutschen Wohnräumen.

Die Deutschen sind ein gefährliches Volk:
sie verstehen sich auf das Berauschen.

Der Irrsinn ist bei Einzelnen etwas Seltenes, –
aber bei Gruppen, Parteien, Völkern, Zeiten die Regel.

Die Wahrheit ist so einflusslos wie die gehende Sonne.

Was ist also Wahrheit?
Ein bewegliches Heer von Metaphern.

Die Antithese ist die enge Pforte,
durch welche sich am liebsten der Irrtum
zur Wahrheit schleicht.

Lüge ist nicht nur wider sein Wissen zu reden,
sondern auch wider sein Nichtwissen zu reden.

Ohnmacht zur Lüge ist lange noch nicht Liebe
zur Wahrheit.

Überzeugungen sind gefährlichere Feinde der Wahrheit
als Lügen.

Alle verschwiegenen Wahrheiten werden giftig.

Willst Du Seelenruhe und Glück erstreben,
nun so glaube, willst du ein Jünger der Wahrheit sein,
so forsche.

Angewöhnung geistiger Grundsätze ohne Gründe
nennt man Glauben.

Eine Behauptung wirkt stärker als ein Argument,
wenigstens bei der Mehrzahl der Menschen;
denn das Argument weckt Misstrauen.
Deshalb suchen die Volksredner die Argumente
ihrer Partei durch Behauptungen zu sichern.

Wenn Christus wirklich die Absicht hatte,
die Welt zu erlösen, sollte es ihm nicht misslungen sein?

Religionen verstehe ich als *Narkosen:* aber
werden sie solchen Völkern gegeben wie den Germanen,
so sind es reine *Gifte.*

Liebe Leserin, lieber Leser,

vielen Dank für Ihr Interesse an unseren Publikationen. Wenn Sie diese Karte ausgefüllt an uns zurücksenden (siehe Rückseite) erhalten Sie kostenlos unser aktuelles Verlagsprogramm sowie unseren Newsletter mit Neuigkeiten, Verlosungen u.v.m. Sie können diese Karte auch im Internet ausfüllen.

Diese Karte habe ich folgendem Buch entnommen: ....

Ich interessiere mich für folgende Themen:
- ○ Reiseführer/Reiseliteratur
- ○ Naturbücher/Gartenbücher
- ○ Humor-Geschenkbücher
- ○ Literarische Geschenkbücher
- ○ Geschichte zur Region ....
- ○ Hans Fallada
- ○ Maritimes ○ Jagdliteratur

Aufmerksam wurde ich auf das Buch durch:
- ○ Zeitung/Zeitschrift ....
- ○ Fernsehen/Radio ....
- ○ Verlagskatalog
- ○ Verlagswebseite
- ○ Lesung ....
- ○ Buchhandlung
- ○ Sonstiges ....

🎁 Unter allen Einsendern eines Monats verlosen wir ein Buch aus unserem Programm, das Ihren Interessen entspricht. (Der Rechtsweg ist ausgeschlossen.)

steffen verlag

www.steffen-verlag.de | www.facebook.com/steffen.verlag | www.steffen-verlag.de/leserkarte

Absender:

....
Name, Vorname

....
Straße

....
PLZ, Ort

....
Alter   Beruf

Bitte senden Sie mir kostenlos zu:

Verlagsprogramm (2 x im Jahr) **Newsletter** (8 x im Jahr)
○ gedruckt   ○ gedruckt
○ per E-Mail   ○ per E-Mail

....
E-Mail-Adresse

Sämtliche Angaben werden vertraulich behandelt und nicht an Dritte weitergegeben.

Bitte
ausreichend
frankieren

01/17

Antwort

Steffen Verlag GmbH
Berliner Allee 38
13088 Berlin

Dass Christus die Welt erlöst habe, ist dreist.

Der gläubige Mensch ist der Gegensatz
des religiösen Menschen.

Es ist eine Feinheit, dass Gott griechisch lernte,
als er Schriftsteller werden wollte – und
dass er es nicht besser lernte.

Der christliche Entschluss, die Welt hässlich
und schlecht zu finden, hat die Welt
hässlich und schlecht gemacht.

Gott ist widerlegt, der Teufel nicht.

Wie? Ist der Mensch nur ein Fehlgriff Gottes?
Oder Gott nur ein Fehlgriff des Menschen?

Wie viel Illusion der Mensch zum Wohlleben nötig hat!

Wer Ruhm haben will, muss sich bei Zeiten darauf einüben,
ohne Ehre leben zu können.

Die größte historische Macht ist die Dummheit
und der Teufel.

Der müßige Mensch ist immer noch ein besserer Mensch
als der tätige.

Der Vorteil des schlechten Gedächtnisses ist,
dass man dieselben guten Dinge mehrere Male
zum ersten Male genießt.

Der Gewissensbiss ist, wie der Biss des Hundes
gegen einen Stein, eine Dummheit.

Die Summe von Geist, welche die Menschen
auf Bekämpfung der Übel verwenden,
fehlt ihnen zur Erfindung der Freude.

Wenn einer sehr lange und hartnäckig etwas *scheinen* will,
so wird es ihm zuletzt schwer, etwas anderes zu *sein*.

Menschen, welche das Talent der Darstellung haben,
sehen an den Dingen nur das Darstellbare.
Sie begreifen vieles nicht.

Das Publikum verwechselt leicht den,
welcher im Trüben fischt, mit dem,
welcher aus der Tiefe schöpft.

Je höher du steigst, umso kleiner sieht dich das Auge
des Neides.

Personen, welche eine Sache in aller Tiefe erfassen,
bleiben ihr selten auf immer treu.
Sie haben eben die Tiefe an's Licht gebracht:
da gibt es immer viel Schlimmes zu sehen.

Es gibt keine schöne Fläche
ohne eine schreckliche Tiefe.

Ich fürchte, die Tiere betrachten den Menschen
als ein Wesen ihresgleichen,
das in höchst gefährlicher Weise
den gesunden Tierverstand verloren hat.

Je stumpfer das Auge, desto weiter reicht das Gute!
Daher die ewige Heiterkeit des Volkes und der Kinder!

Wenn alle Almosen nur aus Mitleiden gegeben würden,
so wären die Bettler allesamt verhungert.

Menschen, die nach Größe streben,
sind gewöhnlich böse Menschen:
es ist ihre einzige Art, sich zu ertragen.

Die meisten Menschen sind viel zu
sehr mit sich beschäftigt,
um boshaft zu sein.

»Er missfällt mir«. – Warum? –
»Ich bin ihm nicht gewachsen«. –
Hat je ein Mensch so geantwortet?

Wenn man ein Jahr lang schweigt,
so verlernt man das Schwätzen und lernt das Reden.

Es ist zu bezweifeln, ob ein Vielgereister
irgendwo in der Welt hässlichere Gegenden gefunden hat
als im menschlichen Gesichte.

Am meisten aber wird der Fliegende gehasst.

Irren wir nicht im öden All umher?

Wir wollen alle lieber den Untergang der Menschheit
als den Rückgang der Erkenntnis!

Die Langsamen der Erkenntnis meinen,
die Langsamkeit gehöre zur Erkenntnis.

Mit der Einsicht in den Ursprung
nimmt die Bedeutungslosigkeit des Ursprungs zu.

Die Menschheit hat im Ganzen *keine* Ziele.

Ja, ein Versuch war der Mensch.

Weltprozess!! Es handelt sich doch nur um die
Lumperei der menschlichen Erdflöhe!

Die Erde, sagt er, hat eine Haut; und diese Haut
hat Krankheiten. Eine dieser Krankheiten heißt
zum Beispiel: »Mensch«.

Viel Inwendiges am Menschen ist der Auster gleich,
nämlich ekel und schlüpfrig und schwer erfasslich.

Die Affen sind zu gutmütig, als dass der Mensch
von ihnen abstammen könnte.

Der Mensch sinkt, wenn er einmal sinkt,
immer unter das Tier.

In allen Winkeln der Erde sitzen Wartende,
die es kaum wissen, inwiefern sie warten,
noch weniger aber, dass sie umsonst warten.

Das Gute missfällt uns,
wenn wir ihm nicht gewachsen sind.

Die Phantasie der Angst ist jener böse äffische Kobold,
der dem Menschen gerade dann noch auf den Rücken springt,
wenn er schon am schwersten zu tragen hat.

Wir *sind* im Gefängnis, frei können wir uns nur *träumen,*
nicht machen.

Die drei großen Feinde der Unabhängigkeit ...
sind die Habenichtse, die Reichen und die Parteien.

Die Lehre von der Freiheit des Willens
ist eine Erfindung *herrschender* Stände.

Was? Du suchst? Du möchtest dich verzehnfachen,
verhundertfachen? Du suchst Anhänger? Suche Nullen!

Starke Wasser reißen viel Gestein
und Gestrüpp mit sich fort,
starke Geister viel dumme und verworrene Köpfe.

Man muss den schlechten Geschmack von sich abtun,
mit Vielen übereinstimmen zu wollen.

Denn alles, was mit der öffentlichen Meinung meint,
hat sich die Augen verbunden und die Ohren verstopft.

Man hört nur die Frage, auf welche man im Stande ist,
eine Antwort zu finden.

Die gewöhnlichste Lüge ist die, mit der man
sich selbst belügt; das Belügen andrer ist relativ
der Ausnahmefall.

Die Menschen drängen sich zum Licht,
nicht um besser zu sehen, sondern um besser zu glänzen.

In der Einsamkeit frisst sich der Einsame selbst auf,
in der Vielsamkeit fressen ihn die Vielen.
Nun wähle.

Die Wüste wächst: Weh dem, der Wüsten birgt!

Es gibt Fälle, wo man einen Menschen durchstreicht,
weil man ihn begriffen hat.

Es ist nicht genug Liebe und Güte in der Welt,
um noch davon an eingebildete Wesen wegschenken zu dürfen.

Nichts teilen wir so gern an andere mit,
als das Siegel der Verschwiegenheit – samt dem,
was darunter ist.

Der Eine geht zum Nächsten, weil er sich sucht,
und der Andere, weil er sich verlieren möchte.

Viele kurze Torheiten – das heißt bei euch Liebe.
Und eure Ehe macht vielen kurzen Torheiten ein Ende,
als eine lange Dummheit.

Wenn die Ehegatten nicht beisammen lebten,
würden die guten Ehen häufiger sein.

Mitunter genügt schon eine stärkere Brille,
um die Verliebten zu heilen.

Eine kleine Rache ist zumeist etwas Menschlicheres als gar keine Rache.

Desinfektion der Liebe durch die Kirche: die Ehe.

Der Unterleib ist der Grund dafür, dass der Mensch sich nicht so leicht für einen Gott hält.

Vor wem man glänzt,
den lässt man gerne als Licht gelten.

Immer noch hilft gegen die Liebe in den meisten Fällen
jenes alte Radikalmittel: die Gegenliebe.

Mancher findet sein Herz nicht eher,
als bis er – seinen Kopf verliert.

Einige Männer haben über die Entführung
ihrer Frauen geseufzt, die meisten darüber,
dass niemand sie ihnen entführen wollte.

Die Erziehung ist eine Fortsetzung der Zeugung
und oft eine Art nachträglicher Beschönigung derselben.

Die vornehmen Frauen denken,
dass eine Sache gar nicht da ist,
wenn es nicht möglich ist,
von ihr in der Gesellschaft zu sprechen.

Durch Geschenke erwirbt man keine Rechte.

Das Ansehen der Ärzte beruht auf der Unwissenheit
der Gesunden und Kranken: und diese Unwissenheit
wiederum beruht auf dem Ansehen der Ärzte.

Öffentliche Meinungen – private Faulheiten.

Manche Naturen haben nur die Wahl,
entweder öffentliche Übeltäter oder
geheime Leidträger zu sein.

Der kranke Mensch ist oft an seiner Seele gesünder
als der gesunde Mensch.

Was wir tun, wird nie verstanden,
sondern immer nur gelobt und getadelt.

Mit der Freiheit steht es wie mit der Gesundheit:
sie ist individuell.

JOE VILLION

1981 Geburt in München
1983 Umzug der Familie nach Varese, Italien
1990 Umzug der Familie nach Athen, Griechenland
2001 Studium der Architektur an der TU Berlin
2003–2010 Studium der Visuellen Kommunikation mit Diplomabschluss an der UdK Berlin
2006 Einjähriger Aufenthalt in Athen
2010 Büchergilde Gestalterpreis, Preis der Stiftung Buchkunst: die schönsten Bücher für die Ausgabe »Zazie in der Métro« von Raymond Queneau, erschienen bei der Büchergilde Gutenberg
2013 Typographische Gestaltung und Illustrationen der Erzählungen »In einer deutschen Pension« von Katherine Mansfield; ausgezeichnet von der Stiftung Buchkunst als eines der schönsten deutschen Bücher 2013

Seit 2006 wurden ihre Arbeiten in diversen Ausstellungen an vielen Orten wie Berlin, Athen, Prag, London, Seoul und Tokyo gezeigt.
Sie lebt und arbeitet als Illustratorin in Berlin.
www.joevillion.de

FRIEDRICH WILHELM NIETZSCHE

1844 Geburt in Röcken bei Lützen
1864–1865 Studium der klassischen Philologie in Bonn und Leipzig
1868 Militärdienst
1869 Doktorgrad in Leipzig erteilt; außerordentlicher Professor für griechische Sprache und Literatur an der Universität Basel
1870 Freiwilliger Krankenpfleger im Deutsch-Französischen Krieg
1873–1876 Vierbändige kulturkritische Abhandlung »Unzeitgemäße Betrachtungen«
1876 Krankheitsbedingte Suspendierung von der Universität Basel
1878–1880 Endgültiger Ruhestand (1879); »Menschliches Allzumenschliches«
1881–1882 »Morgenröte«; »Die fröhliche Wissenschaft«
1883–1885 »Also sprach Zarathustra«
1886 »Jenseits von Gut und Böse«
1888 »Der Antichrist«
1889 Psychischer Zusammenbruch in Turin; lebt unter Vormundschaft seiner Mutter in Jena und Naumburg; »Götzendämmerung«
1897 Tod der Mutter; Umzug nach Weimar zu seiner Schwester
1900 Nach geistiger Umnachtung Tod in Weimar

Impressum

1. Auflage 2017
© Steffen Verlag GmbH
Berliner Allee 38 | 13088 Berlin | Tel. (030) 41 93 50 08
info@steffen-verlag.de | www.steffen-verlag.de

Herstellung   Steffen Media | Friedland – Berlin – Usedom
www.steffen-media.de

ISBN 978-3-941683-84-6

Die Deutsche Nationalbibliothek verzeichnet diese Publikation
in der Deutschen Nationalbibliografie – detaillierte bibliografische
Daten sind im Internet abrufbar unter **http://dnb.d-nb.de**